Impressum
Verlag: BABADADA GmbH, Nedderfeld 112 , 22529 Hamburg
Geschäftsführer / Verlagsleitung: Harald Hof
Druck: Books on Demand GmbH, In de Tarpen 42, 22848 Norderstedt

Imprint
Publisher: BABADADA GmbH, Nedderfeld 112 , 22529 Hamburg, Germany
Managing Director / Publishing direction: Harald Hof
Print: Books on Demand GmbH, In de Tarpen 42, 22848 Norderstedt

scol

escola

klas
classe
dividi
dividir
186/2
borchi
tauler
plenchi di scol
pati (de l'escola)
maestro
professor
papel
paper
skirbi
escriure
pen
estilogràfica
lessenaar
escriptori
liniaal
regle
buki
llibre
alumno
estudiant

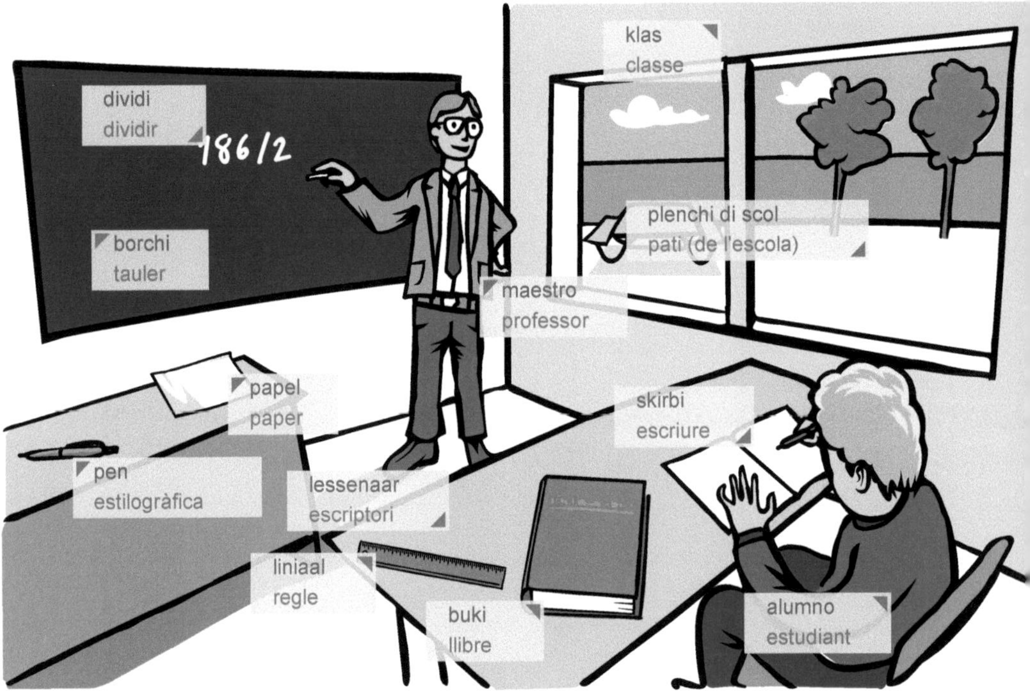

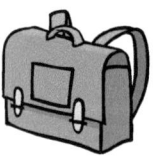

tas di scol

bossa

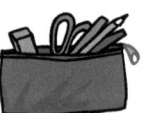

etui

estoig

potlood

llapis

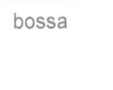

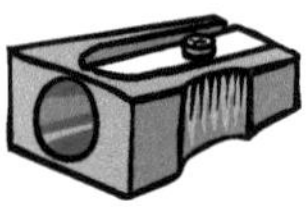

slijper

maquineta de fer punta

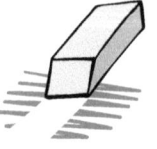

gum

goma

buki di pinta

bloc de dibuix

pintura
dibuix

cuashi
pinzell

caha di verf
capsa de pintures

sker
tisores

lijm
cola

schrift
quadern d'exercicis

huiswerk
deures

number
nombre

2+2

suma
afegir

5-2

kita
sostreure

multiplica
multiplicar

conta
calcular

A

letter
lletra

alfabet
alfabet

palabra
mot

texto

text

lesa

llegir

krijt

guix

les

lliçó

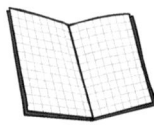

klassenboek

llibre de classe

examen

examen

diploma

certificat

uniform di scol

uniforme escolar

estudio

formació

enciclopedia

enciclopèdia

universidad

universitat

microscop

microscopi

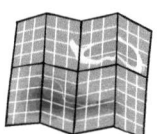

mapa

mapa

bari di sushi

paperera

hotel
hotel

posada
alberg

ROOMS

EXCHANGE

oficina di cambio
oficina de canvi

maleta
maleta

auto
automòbil

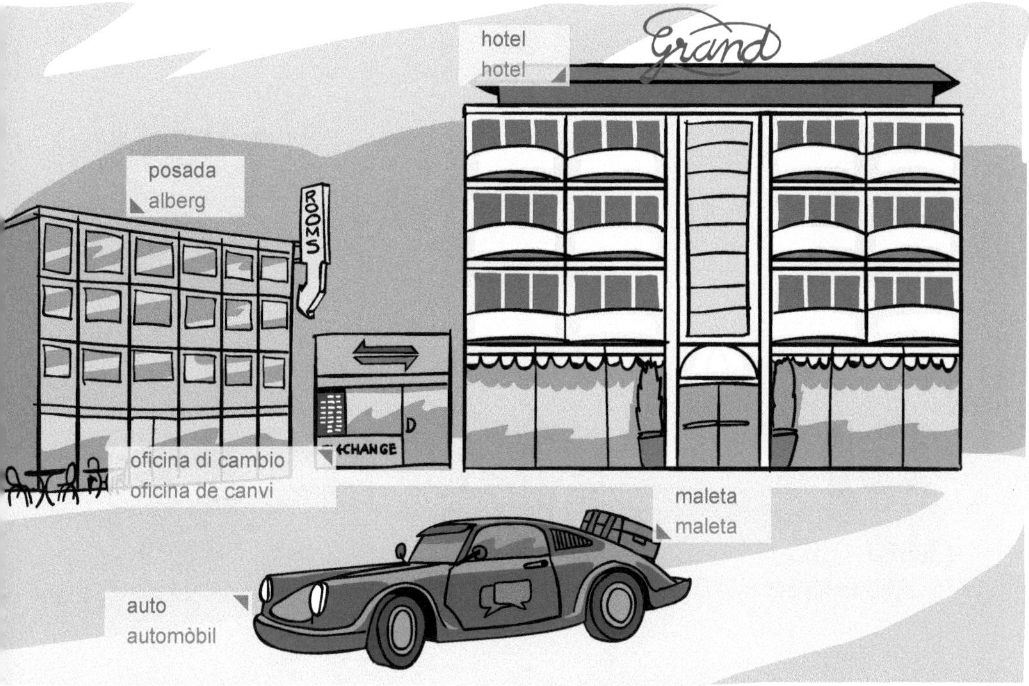

idioma

llengua

si / no

sí / no

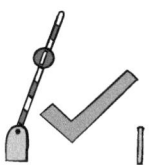

bon

D'acord

hallo

Ey!

tolk

traductora

masha danki

gràcies

Cuanto esaki ta costa?

Quant costa... ?

Mi no ta compronde

No entenc

problema

problema

bon nochi

Bona nit!

Bon dia!

bon dia!

Bon nochi!

bona nit!

ayo

fins aviat

direccion

direcció

maleta

bagatge

handbag

bossa

rugtas

sarrona

huesped

convidat

camber

cambra

slaapzak

sac de dormir

tent

tenda

informacion pa turista

oficina de turisme

lama

platja

credit card

carta de crèdit

desayuno

esmorzar

cuminda di merdia

dinar

cuminda di anochi

sopar

carchi

bitllet

cabe'i boto

ascensor

stampia

segell

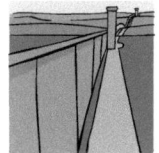

grens

frontera

duana

duana

embahada

ambaixada

visa

visat

paspoort

passaport

transport
transport

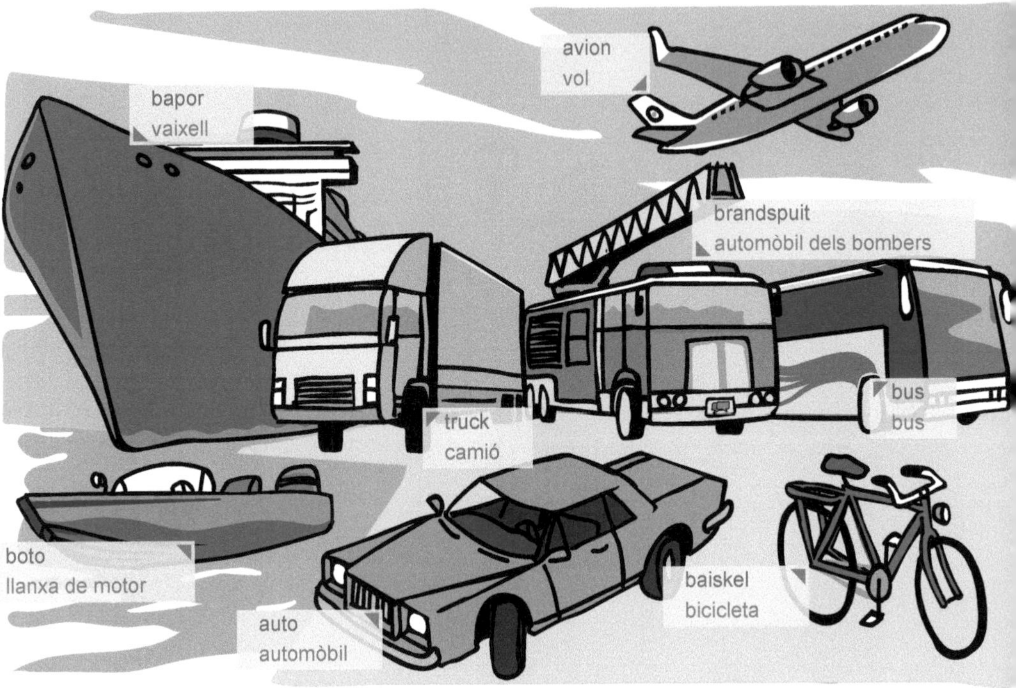
avion
vol
bapor
vaixell
brandspuit
automòbil dels bombers
bus
bus
truck
camió
boto
llanxa de motor
baiskel
bicicleta
auto
automòbil

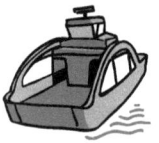

ferry
....
transbordador

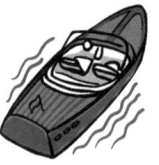

boto
....
barca

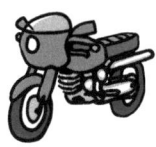

brommer
....
moto

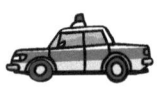

auto di polis
....
automòbil de policia

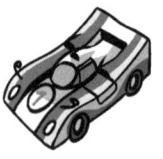

auto di careda
....
automòbil de curses

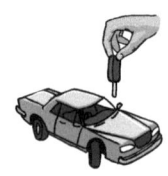

auto di huur
....
automòbil de lloguer

car sharing

vehicle compartit

takelwagen

grua

dump truck

camió de les escombraries

motor

motor

gasolin

benzina

pomp di gasolin

benzineria

borchi di trafico

senyal de trànsit

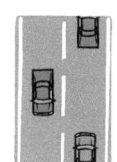

trafico

trànsit

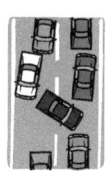

fila

embús

parkeerplaats

aparcament

stacion di trein

estació de trens

riel

vies

trein

tren

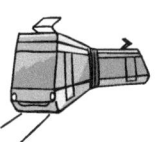

tram

tramvia

wagon

vagó

helicopter

helicòpter

aeropuerto

aeroport

toren

torre

pasahero

passatger

container

contenidor

caha di carton

capsa de cartó

garoshi

carretó

macutu

cistella

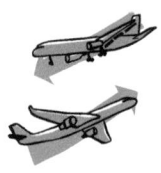

lanta / baha

enlairar-se / aterrar

ciudad
ciutat

pueblo

poble

centro di ciudad

centre de la ciutat

cas

casa

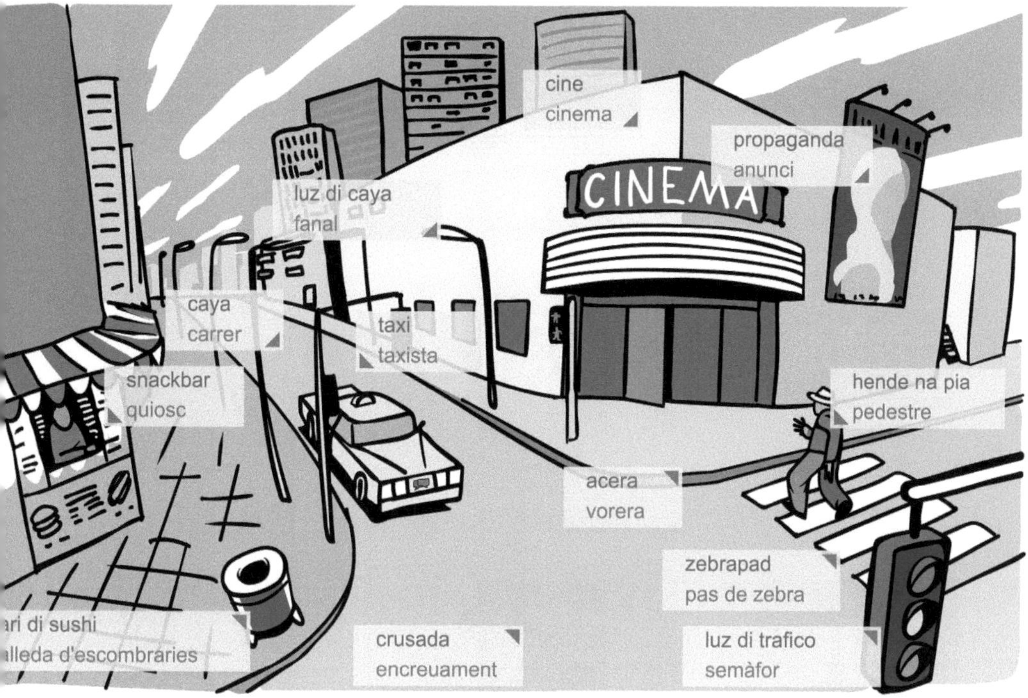

cine
cinema

propaganda
anunci

luz di caya
fanal

caya
carrer

taxi
taxista

snackbar
quiosc

hende na pia
pedestre

acera
vorera

zebrapad
pas de zebra

ari di sushi
lleda d'escombràries

crusada
encreuament

luz di trafico
semàfor

CINEMA

hut
....
cabana

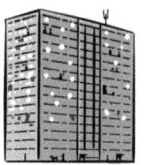

flat
....
apartament

stacion di trein
....
estació de trens

stadhuis
....
casa de la vila-ciutat

museo
....
museu

scol
....
escola

universidad

universitat

banco

banca

hospital

hospital

hotel

hotel

botica

farmàcia

oficina

oficina

boekhandel

llibreria

tienda

botiga

floresteria

floristeria

supermarket

supermercat

mercado

mercat

department store

gran magatzem

bendedo di pisca

peixateria

shopping center

centre comercial

haf

port

park
parc

banki
banc

brug
pont

trapi
escala

metro
metro

tunnel
túnel

parada di bus
parada d'autobús

bar
bar

restaurant
restaurant

postbox
bústia de correu

borchi di nomber di caya
senyal indicador

parkeermeter
parquímetre

parke di bestia
zoo

piscina
piscina

moskee
mesquita

cunucu

granja

polucion

pol·lució

santana

cementiri

misa

església

speelplaats

parc infantil

tempel

temple

paisahe

paisatge

blachi
fulla

borchi di direccion
cartell indicador

caminda
camí

sabana
prat

piedra
pedra

palo
arbre

keirodo
excursionista

riu
riu

yerba
gespa

flor
flor

vallei
vall

sero
muntanya

lago
llac

mondi
bosc

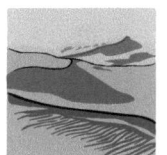

desierto
desert

volcan
volcà

kasteel
castell

arco iris
arc de Sant Martí

paddenstoel
bolet

palma
palmera

sangura
moscard

musca
mosca

vruminga
formiga

bij
abella

haraña
aranya

tor

escarabat

dori

granota

eekhoorn

esquirol

porcospina

eriçó

coneu

llebre

shoco

òliba

parha

ocell

zwaan

cigne

porco di mondi

senglar

bina

cervo

eland

ant

dam

presa

molina di biento

turbina

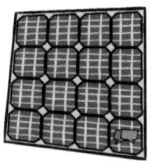

panel solar

panell solar

clima

clima

restaurant
restaurant

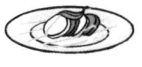

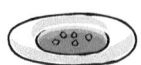

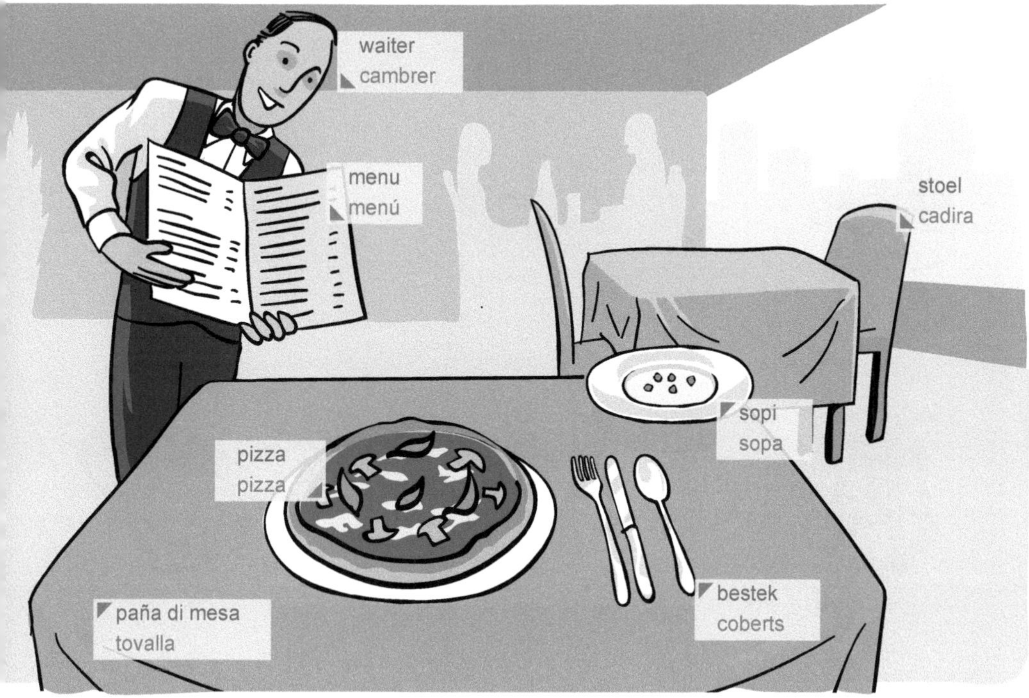
waiter
cambrer
menu
menú
stoel
cadira
sopi
sopa
pizza
pizza
paña di mesa
tovalla
bestek
coberts

aperitivo
primer plat

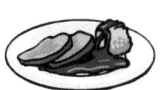

cuminda principal
plat principal

dessert
darreries

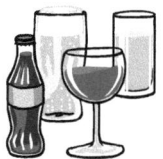

bebida
begudes

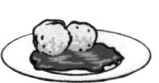

cuminda
menjar

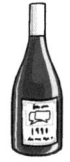

boter
ampolla

fastfood

menjar ràpid

streetfood

menjar de carrer

canica di te

tetera

pochi di sucu

sucrer

porcion

porció

espressomachine

màquina d'espresso

stoel di mucha

trona

cuenta

factura

hasechi

plata

cuchiu

ganivet

forki

forqueta

cuchara

cullera

telep

cullereta

napkin

tovalló

glas

got

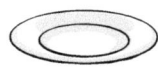

tayo

plat

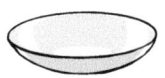

tayo di sopi

plat de sopa

scoter

plateret

saus

salsa

pochi di salo

saler

mulina di peper

molinet de pebre

binager

vinagre

azeta

oli

specerij

espècies

ketchup

quètxup

mosterd

mostassa

mayonaise

maionesa

supermarket
supermercat

oferta special
oferta especial
FOR
cliente
client
producto lacteo
productes lactis
fruta
fruites
garoshi di compra
carret de la compra

BUTCHERS

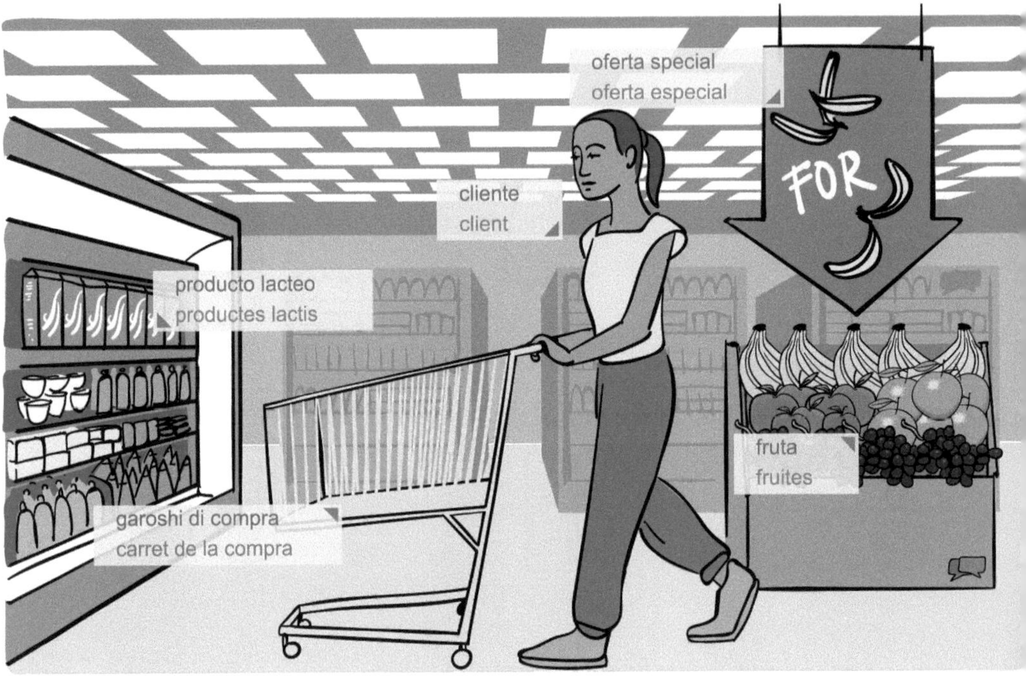

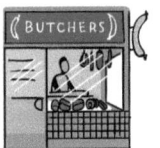

carniceria

carnisseria

BAKERY

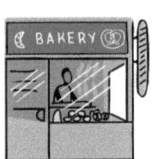

panaderia

forn de pa

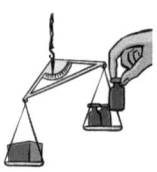

pisa

pesar

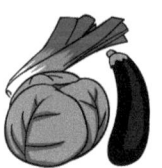

berdura

verdures

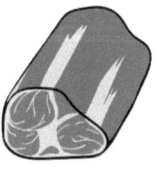

carni

carn

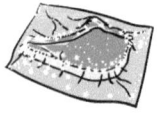

frozen food

menjar congelat

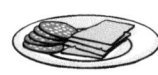

beleg di carni

carn freda

cuminda di bleki

conserves

detergente na puiro

detergent en pols

mangel

dolços

producto pa cas

articles domèstics

articulo di limpiesa

productes de neteja

bendedo

venedora

cahero

caixa registradora

cahero

caixera

lista di compra

llista de la compra

orario

horari d'obertura

cartera

portamonedes

credit card

carta de crèdit

tas

bossa

saco di plastic

bossa de plàstic

awa

aigua

juice

suc

lechi

llet

cola

coca-cola

biña

vi

cerbes

cervesa

alcohol

alcohol

chocomel

cacau

te

te

koffie

cafè

espresso

espresso

cappuccino

cappuccino

bacoba

banana

appel

poma

apelsina

taronja

milon

síndria

lamunchi

llimona

wortel

pastanaga

conoflok

all

bambu

bambú

siboyo

ceba

mushroom

bolet

noot

avellanes

pasta

fideus

spaghetti

espaguetis

aros

arròs

salada

amanida

batata hasa

patates fregides

batata hasa

patates fregides

pizza

pizza

hamburger

hamburguesa

sandwich

entrepà

cutlet

escalopa

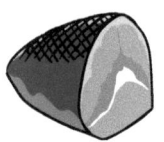

ham

cuixot

salami

salami

soseishi

salsitxa

galiña

pollastre

hasa

rostit

pisca

peix

papa

flocs de civada

müsli

musli

cornflakes

cereals

hariña

farina

croissant

croissant

pan rondo

panet

pan

pa

toast

torrada

cuki

bescuits

manteca

mantega

kwark

mató

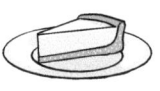

bolo

pastís

webo

ou

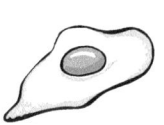

webo hasa

ou fregit

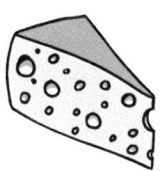

keshi

formatge

ijscream

gelat

sucu

sucre

honing

mel

jam

melmelada

pasta di chuculati

crema de xocolata

curry

curri

cunucu

granja

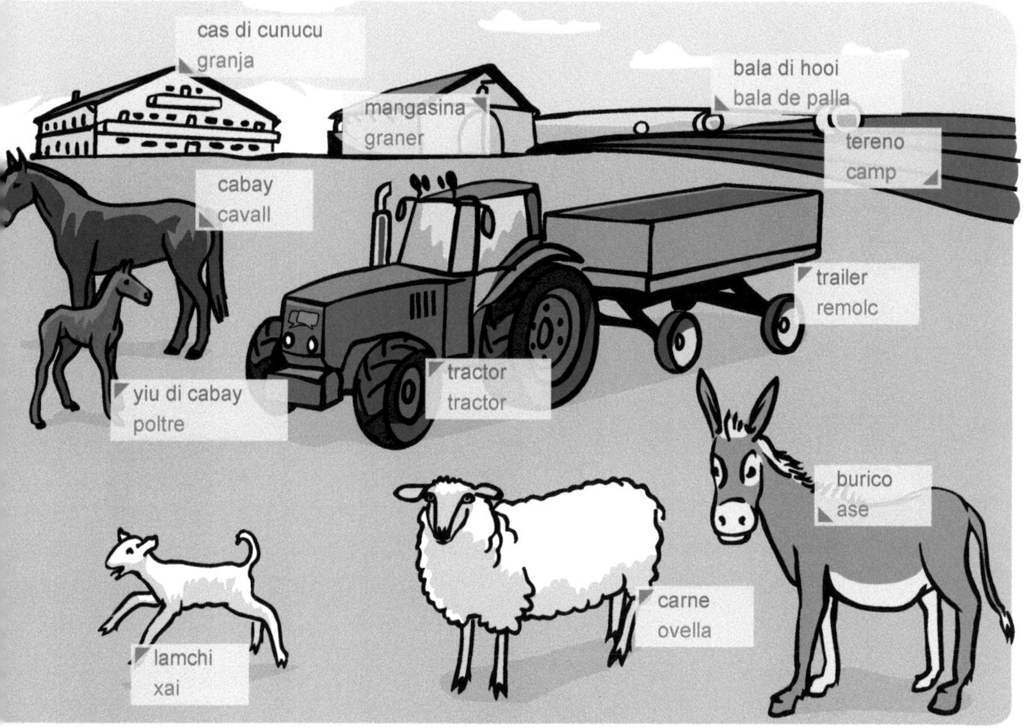
cas di cunucu
granja
mangasina
graner
bala di hooi
bala de palla
tereno
camp
cabay
cavall
trailer
remolc
tractor
tractor
yiu di cabay
poltre
burico
ase
carne
ovella
lamchi
xai

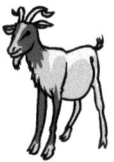

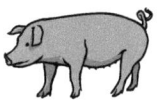

cabrito

cabra

baca

vaca

bishe

vedella

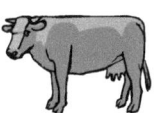

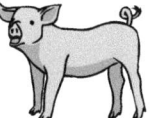

porco

porc

yiu di porco

garrí

toro

bou

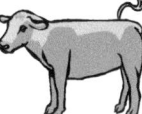

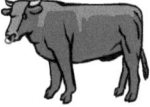

gans
oca

pato
ànec

puyito
poll

galiña
gall

gay
gallina

djaca
rata

pushi
gat

raton
ratolí

toro
bou

cacho
gos

cas di cacho
gossera

slang pa muha mata
mànega de regar

gieter
regadora

herment pa corta yerbe
dalla

ploeg
arada

garabati
falç

chapi
aixada

forki pa coy hooi
forca

hacha
destral

garetia
carretó

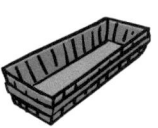

pesebre
abeurador

canica di lechi
lletera

saco
sac

heki
tanca

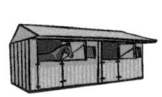

stal
establa

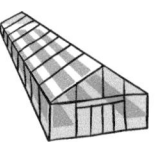

greenhouse
hivernacle

suela
sòl

simia
llavor

mest
adob

mashin di cosecha
collidora

cosecha

collir

cosecha

collita

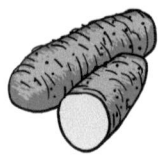

yams

nyam

trigo

blat

soya

soja

batata

patata

maishi

blat de moro o d'indi

canola

colza

palo di fruta

arbre fruiter

yuca

mandioca

grano

cereals

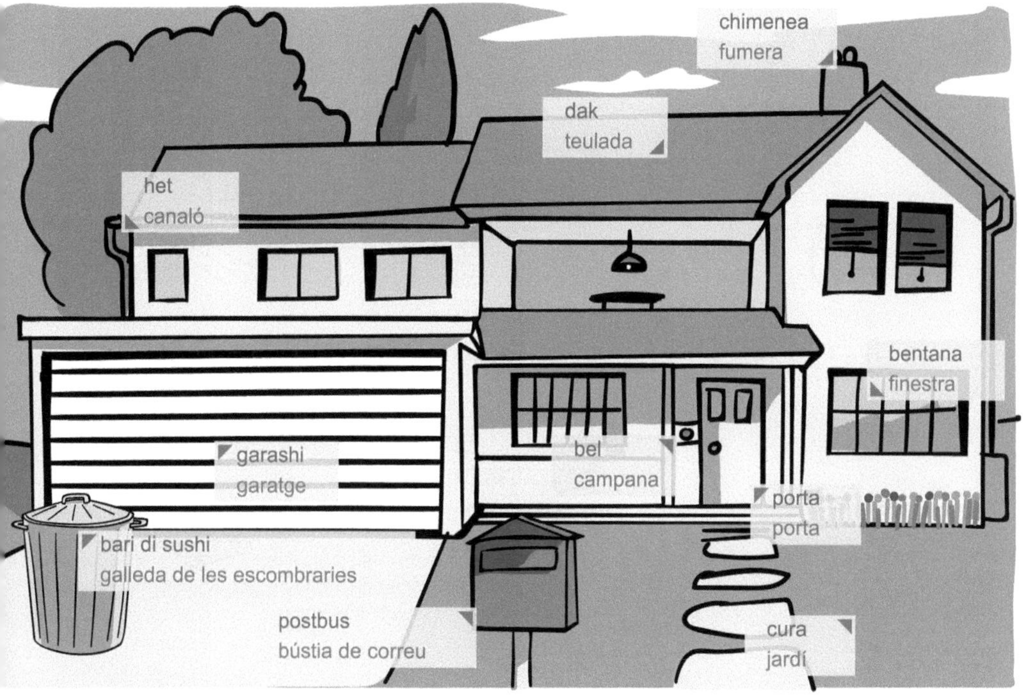

chimenea
fumera

dak
teulada

het
canaló

garashi
garatge

bari di sushi
galleda de les escombraries

postbus
bústia de correu

bel
campana

cura
jardí

porta
porta

bentana
finestra

sala
....
sala d'estar

baño
....
bany

cushina
....
cuina

camber
....
cambra de dormir

camber di mucha
....
cambra de nen

comedo
....
menjador

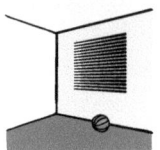

suela
sòl

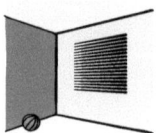

muraya
paret

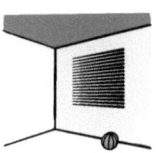

blafon
sostre

bodega
soterrani

sauna
sauna

balcon
balcó

terasa
terrassa

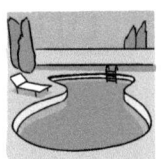

piscina
piscina

mashin di corta yerba
tallagespa

laken
vànova

bedsprei
cobrellit

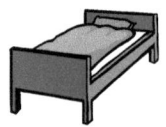

cama
llit

basora
escombra

hemchi
galleda

switch
interruptor

sala
sala d'estar

papel pa papela
paper de paret
potret
quadre
lampi
làmpada
reki
prestatge
cashi
armari
television
televisor
fogon
escalfapanxes
flor
flor
cusinchi
coixí
sofa
sofà
vaas
gerro
remote control
telecomanda

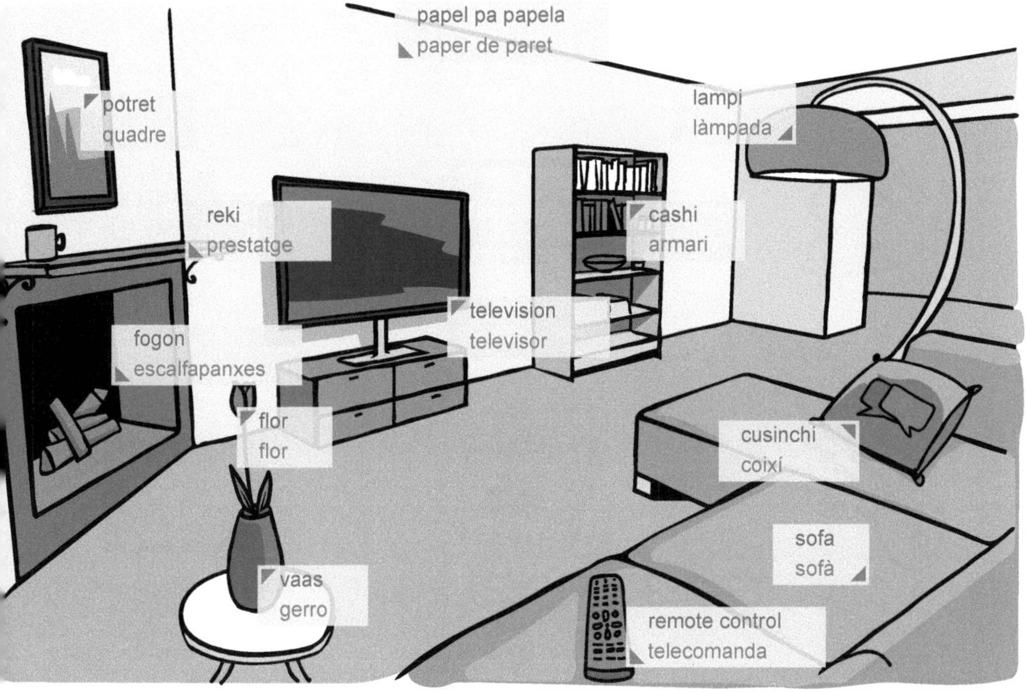

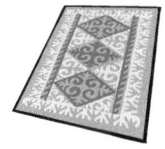

tapijt
catifa

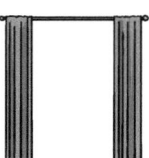

cortina
cortina

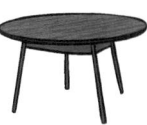

mesa
taula

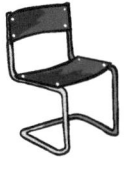

stoel
cadira

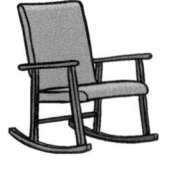

stoel di zoya
cadira gronxadora

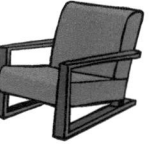

stoel
cadiral

buki

llibre

dekel

llençol

decoracion

decoració

palo pa kima

llenya

film

film

stereoset

cadena de música

yabi

clau

corant

diari

cuadra

pintura

poster

cartell

radio

ràdio

blocnote

bloc de notes

stofzuiger

aspiradora

cadushi

cactus

bela

candela

cushina
cuina

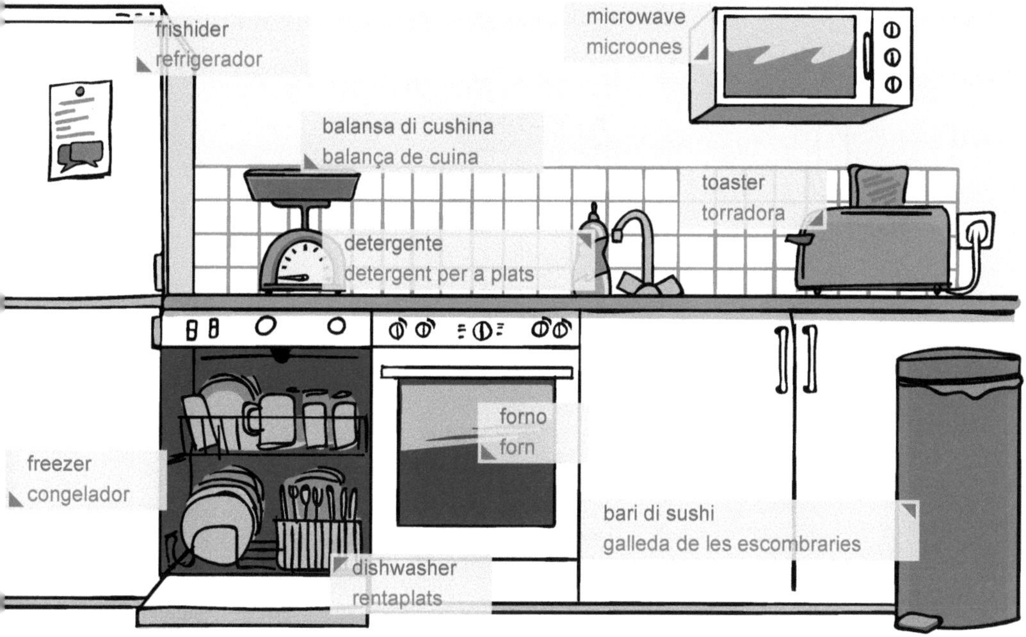

frishider
refrigerador
microwave
microones
balansa di cushina
balança de cuina
toaster
torradora
detergente
detergent per a plats
forno
forn
freezer
congelador
bari di sushi
galleda de les escombraries
dishwasher
rentaplats

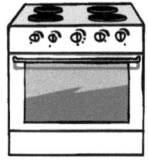

stoof .... cuina de fogons	wea .... olla	wea di hero .... olla de ferro colat
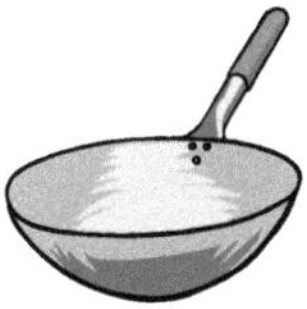		
wok .... wok / karahi	planchi .... paella	ketel .... bullidor

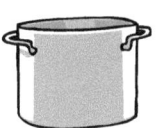

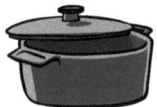

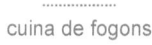

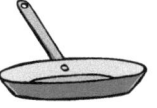

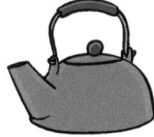

steamer

olla de vapor

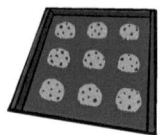

teblachi pa horna

plata de forn

servies

vaixella

beker

tassa grossa

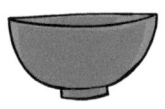

conchi

bol

chopstick

bastonets xinesos

cuchara di sopi

culler

spatula

espàtula

garde

batedor

scurido

colador

colado

sedàs

raspa

ratllador

fenso

morter

barbecue

barbacoa

candela

foc a terra

planki pa corta

taula de tallar

rostok

corró

kurkentrek

llevataps

bleki

pot de conserva

cos di habri bleki

obridor

pannenlap

agafador

wasbak

aigüera

skeiro

raspall

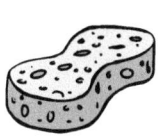

spons

esponja

blender

batedora

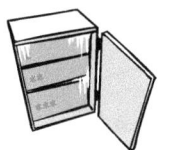

freezer

congelador

tetero

biberó

cranchi

aixeta

baño

bany

verwarming
calefacció
serbete
tovallola
douche
dutxa
cortina di douche
cortina de dutxa
baño di scuma
bany de bombolles
badkuip
banyera
glas
got
wasmashin
rentadora
cranchi
aixeta
mosaik
rajoles
pot
orinal
wasbak
aigüera

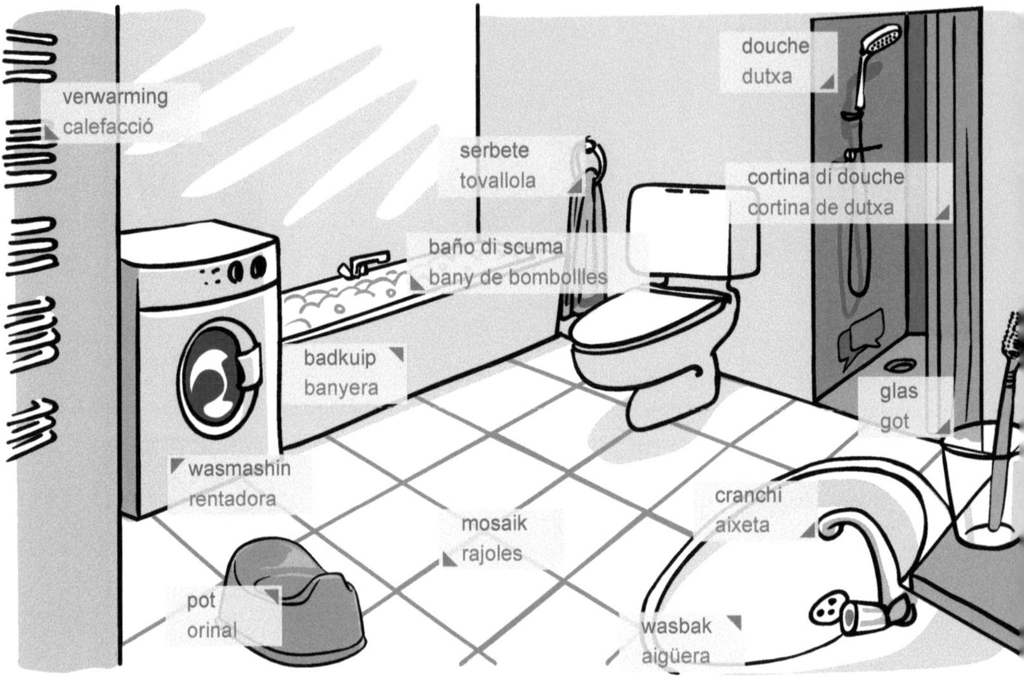

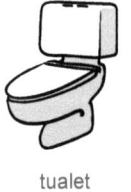

tualet
lavabo

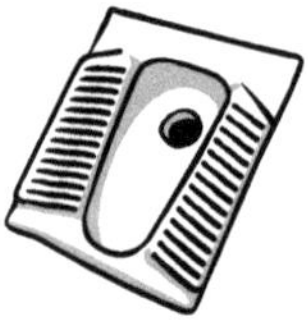

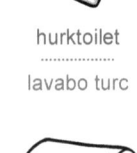

hurktoilet
lavabo turc

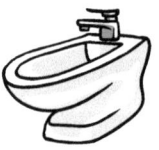

bidet
bidet

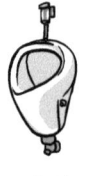

urinal
orinador

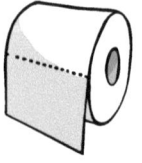

papel di w.c.
paper higiènic

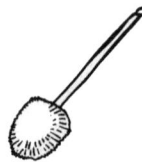

skeiro di w.c.
escombreta de sanitari

skeiro di djente

raspall de dents

pasta di djente

pasta de dents

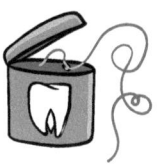

dental floss

fil dental

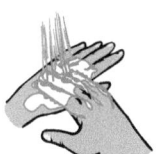

laba

rentar

douche di man

pom de dutxa

bidet

dutxa íntima

tobo

rentamans

skeiro

raspall per a l'esquena

habon

sabó

shower gel

gel de dutxa

shampoo

xampú

washandje

manyopla de bany

drain

bonera

crema

crema

desodorante

desodorant

spiel
mirall

spiel di man
mirall-espill de mà

blet
maquineta de rasar

shaving foam
espuma de barbejar

aftershave
loció post-rasada

peña
pinta

skeiro
raspall

blower
eixugador

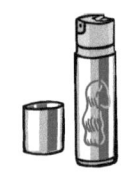

spray pa cabey
laca

makeup
maquillatge

lipstick
pintallavis

cos di pinta huña
esmalt d'ungles

catuna
cotó

sker pa corta huña
tallaungles

perfume
perfum

tas
....
estoig de bellesa

kruk
....
tamboret

balansa
....
bàscula

bata
....
barnús

handschoen
....
guants de goma

tampon
....
compresa higiènica

kotex
....
compresa

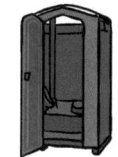

wc kimico
....
sanitari químic

camber di mucha

cambra de nen

wekker
despertador
peluche
animal de peluix
auto di hunga
auto de joguina
maraca
sonall
cas di popchi
casa de nines
regalo
present

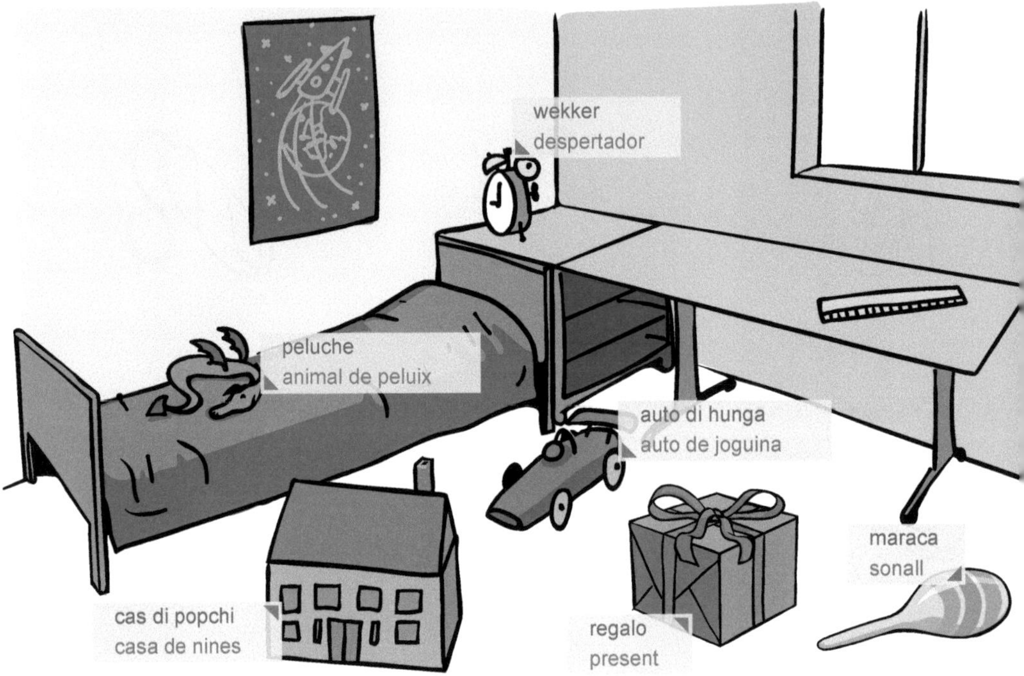

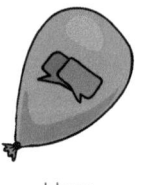

blaas
....
baló

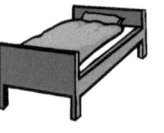

cama
....
llit

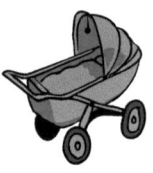

stroller
....
cotxet per a nens

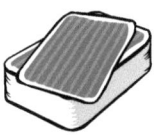

baraha di carta
....
joc de cartes

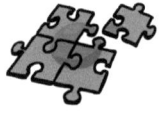

puzzel
....
trencaclosca

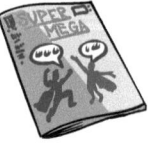

comic
....
historieta

lego

peces de lego

bloki di hunga

peces de construcció

figura di accion

ninot d'acció

romper

granota

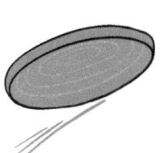

frisbee

frisbee

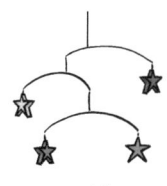

mobil

mòbil per a bressol

wega di mesa

joc de taula

dou

daus

set di trein

tren elèctric

chupon

xumet

fiesta

festa

buki di prenchi

llibre de dibuixos

bala

pilota

popchi

nina

hunga

jugar

zandbak

sorrera

zoya

gronxador

cos di hunga

joguines

videogame

consola de jocs de vídeo

tricycle

tricicle

beer

osset de peluix

cashi di paña

armari

paña

roba

mea

mitjons

mea

mitges

pantyhose

mitja pantaló

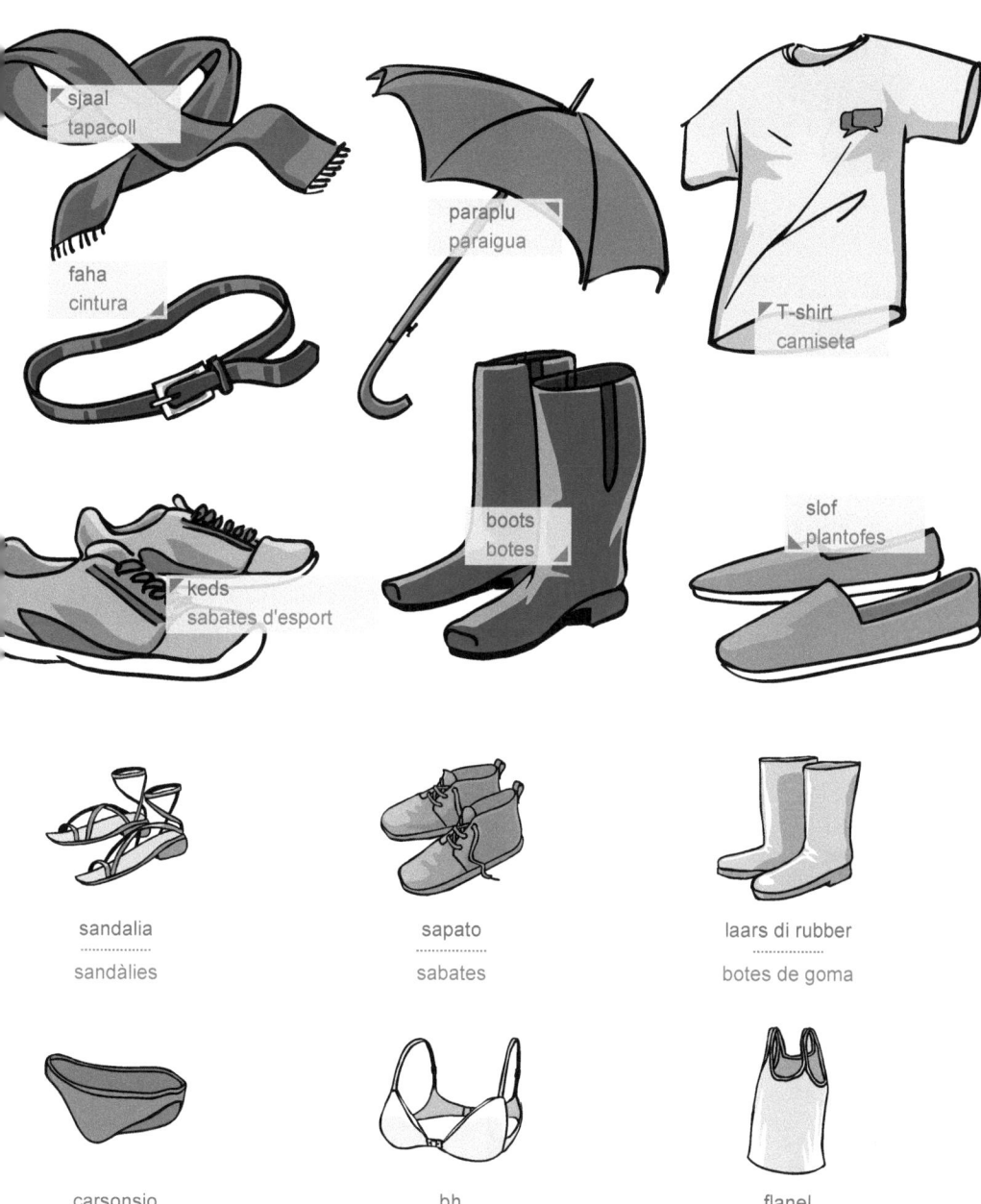

sjaal
tapacoll

paraplu
paraigua

faha
cintura

T-shirt
camiseta

boots
botes

slof
plantofes

keds
sabates d'esport

sandalia
....
sandàlies

sapato
....
sabates

laars di rubber
....
botes de goma

carsonsio
....
calçonets

bh
....
sostenidor

flanel
....
guardapits

body

jjustacòs

carson

pantalons

jeans

jeans

saya

faldeta

blusa

brusa

camisa

camisa

sweater

jersei

sweater

dessuadora

blazer

blazer

jacket

jaqueta

jas

mantell

regenjas

impermeable

flus

vestit de dona

shimis

vestit de dona

shimis di bruid

vestit de núvia

flus

vestit d'home

yapon

camisa de dormir

pidjama

pijama

sari

sari

lenso di cabes

mocador de cap

turban

turbant

burqa

burca

kaftan

caftan

abaya

abaia

zwempak

vestit de bany

zwembroek

calçon(et)s de bany

carson cortico

pantalons curts

trainingspak

xandall

lantera

davantal

handschoen

guants

boton

botó

bril

ulleres

armband

braçalet

cadena

collaret

renchi

anell

renchi di horea

orellera

pechi

casquet

kapstok

penjador

sombre

capell

dashi

corbata

ziper

cremallera

helm

casc

guiel

elàstics

uniform di scol

uniforme escolar

uniform

uniforme

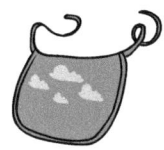

babado

pitet

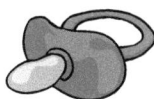

chupon

xumet

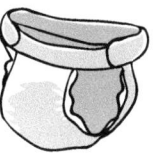

bruki

bolquer

oficina

oficina

server
servidor
filekast
armari arxivador
printer
impressora
papel
paper
pantaya
monitor
mouse
ratolí
lessenaar
escriptori
map
arxivador
keyboard
teclat
bari di sushi
paperera
computer
ordinador
stoel
cadira

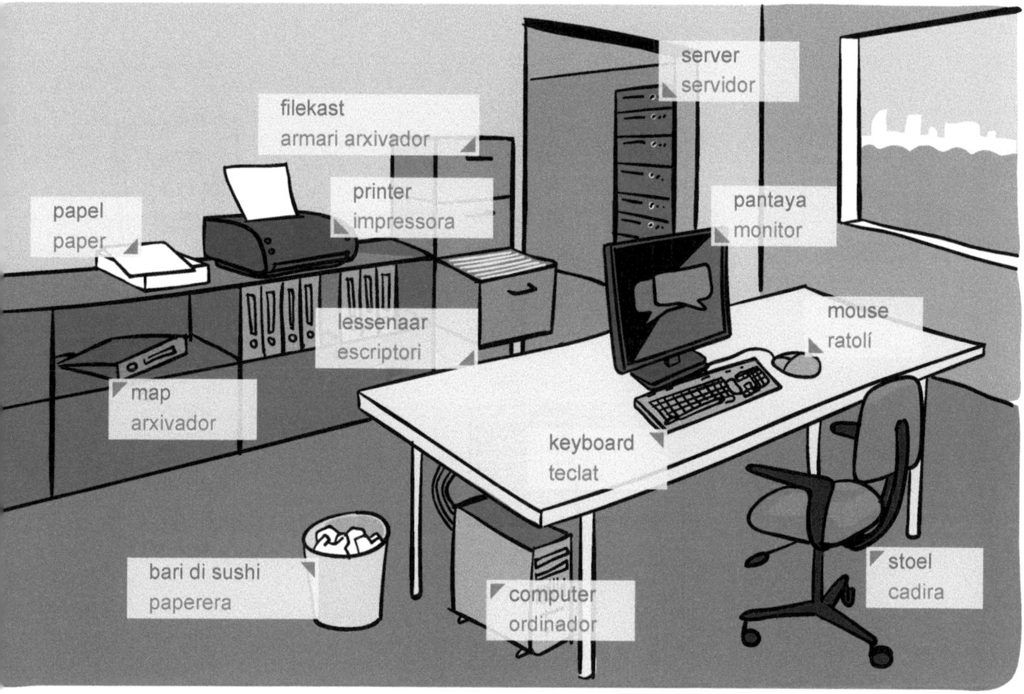

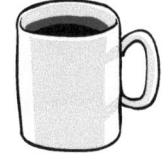

copi pa bebe koffie

tassa de cafè

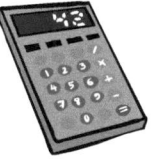

calculator

calculadora

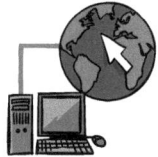

internet

Internet

laptop

ordinador portàtil

carta

lletra

mensahe

missatge

celular

mòbil

red

xarxa

mashin di copia

fotocopiadora

software

programari

telefon

telèfon

stopcontact

presa de corrent

fax mashin

fax

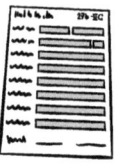

formulario

formulari

documento

document

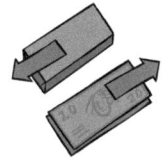

cumpra

comprar

paga

pagar

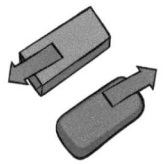

negosha

comerciar

placa

diners

USD

dollar

dòlar

EUR

euro

euro

JPY

yen

ien

RUB

roebel

ruble

CHF

frank suiso

franc suís

CNY

yuan renminbi

renminbi

INR

roepi

rupia

bancomatico

caixa automàtica

oficina di cambio

oficina de canvi

oro

or

plata

argent

azeta

petroli

energia

energia

prijs

preu

contract

contracte

impuesto

impost

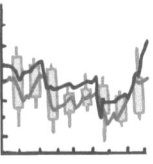

share

acció

traha

treballar

empleado

treballador

dunado di trabou

empresari

fabrica

fàbrica

tienda

botiga

agente policial
oficial de policia

bombero
bomber

coki
cuiner

dokter
doctora

piloto
pilot

hardinero

jardiner

carpinte

fuster

cosedo

costurera

hues

jutge

kimico

química

actor

actor

chauffeur di bus

conductor d'autobús

chauffeur di taxi

taxista

piscado

pescador

hende cu ta haci cas limpi

dona de la neteja

drechado di dak

ensostrador

waiter

cambrer

jaagdo

caçador

verfdo

pintor

panadero

forner

electricista

electricista

trahado den construccion

obrer de la construcció

ingeniero

enginyer

carnicero

carnisser

loodgieter

llanterner

partido di carta

correu

solda
soldat

arkitecto
arquitecte

cahero
caixera

florista
florista

pelukero / pelukera
perruquer

controlado di ticket
revisor

mecanico
mecànic

capitan
capità

dentista
dentista

cientifico
científic

rabbi
rabí

imam
imam

monk
monjo

pastor
capellà

herment
eines

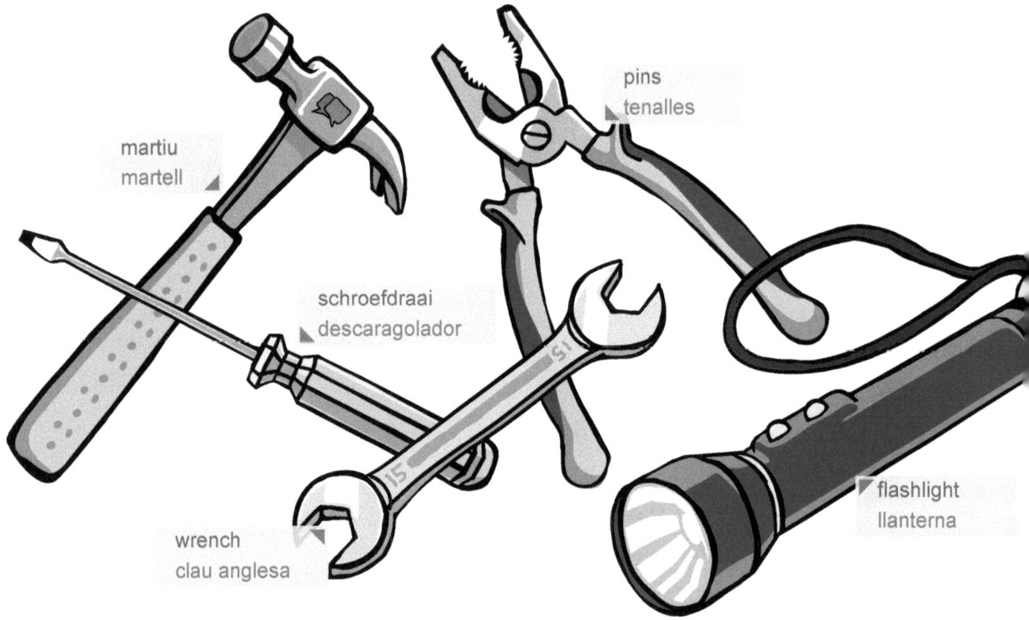

martiu
martell
pins
tenalles
schroefdraai
descaragolador
wrench
clau anglesa
flashlight
llanterna

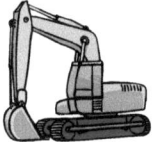

bulldozer

excavadora

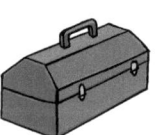

caha di herment

caixa d'eines

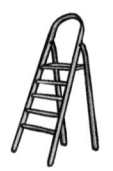

trapi

escala

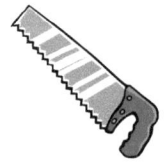

zaag

serra

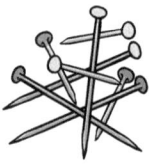

clabo

claus

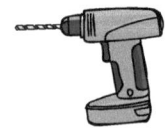

boormashin

trepant

drecha
reparar

shobel
pala

caraho!
Maleït siga!

scop
pala

bleki di verf
pot de pintura

schroef
caragols

instrumento musical
instrument de música

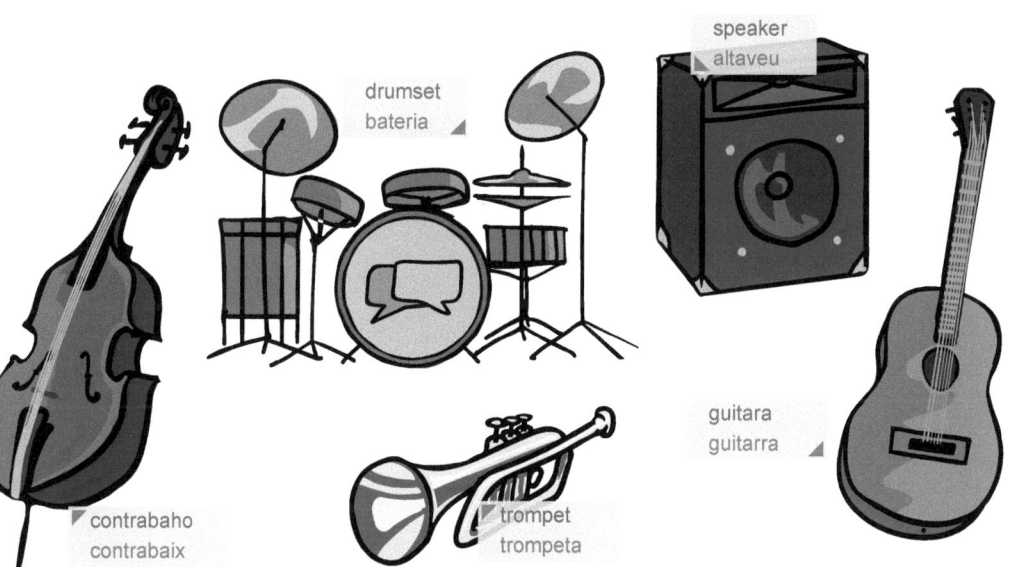

speaker
altaveu

drumset
bateria

guitara
guitarra

contrabaho
contrabaix

trompet
trompeta

piano

piano

fio

violí

baho

baix

timbal

timbal

tambu

tambor

keyboard

teclat

saxofon

saxofon

fluit

flauta

microfon

micròfon

instrumento musical - instrument de música

entrada
entrada

tiger
tigre

couchi
gàbia

zebra
zebra

cuminda di bestia
aliment per a animals

panda
ós panda

animal
animals

olifante
elefant

cangaru
cangurú

neushoorn
rinoceront

gorila
goril·la

beer
ós

camel

camell

avestruz

estruç

leon

lleó

macaco

simi

flamingo

flamenc

lora

papagai

beer polar

ós polar

pinguin

pingüí

tribon

ca mari

pauwies

paó

colebra

serp

caiman

cocodril

cuidado di bestia

guardià del zoo

cacho di awa

foca

jaguar

jaguar

pony
poni

leopardo
lleopard

hipopotamo
hipopòtam

giraf
girafa

aguila
àliga

porco di mondi
senglar

pisca
peix

turtuga
tortuga

walrus
morsa

vos
guineu

gazelle
gasela

futbol Americano
futbol americà

ciclismo
ciclisme

tennis
tenis

basketball
bàsquet

landamento
natació

boxeo
boxa

ice hockey
hoquei sobre gel

futbol
futbol americà

badminton
bàdminton

atletismo
atletisme

handbal
handbol

ski
esquí

polo
polo

actividad
activitats

hari
riure
bula
saltar
brasa
abraçar
cana
anar
canta
cantar
soña
somiar
resa
pregar
sunchi
fer un petó

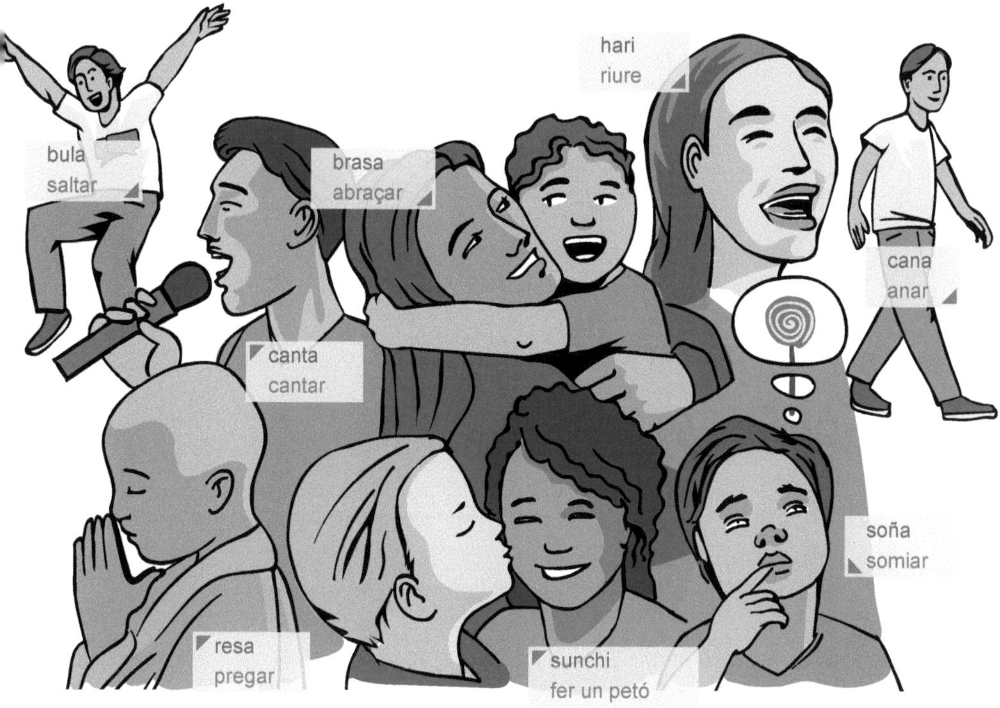

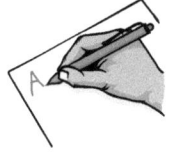

skirbi

escriure

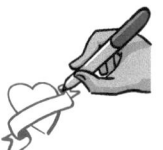

pinta

dibuixar

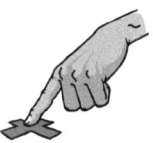

mustra

mostrar

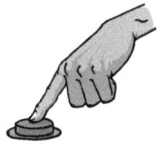

primi

pitjar

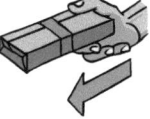

duna

donar

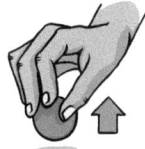

coy

prendre

tin
tenir

haci
fer

ta
ésser

para
estar dret

core
córrer

ranca
estirar

tira
llançar

cay
caure

drumi
jeure

warda
esperar

carga
portar

sinta
asseure's

bisti
vestir-se

drumi
dormir

lanta fo'i soño
despertar-se

mira
mirar

yora
plorar

caricia
amoixar

peña
pentinar

papia
parlar

compronde
comprendre

puntra
demanar

scucha
escoltar

bebe
beure

come
menjar

ruim op
endreçar

stima
estimar

cushna
cuinar

bai
conduir

bula
volar

actividad - activitats

65

zeilo

navegar

conta

calcular

lesa

llegir

siña

aprendre

traha

treballar

casa

casar-se

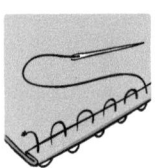

cose

cosir

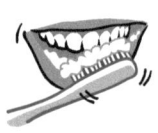

skeiro djente

raspallar-se les dents

mata

matar

huma

fumar

manda

enviar

famia

família

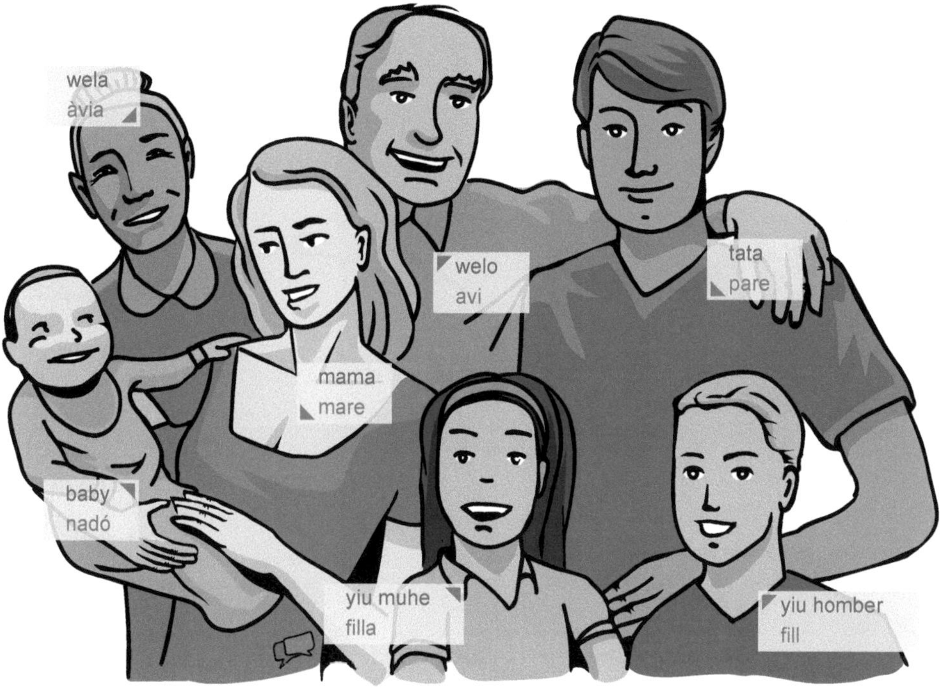

wela
àvia
welo
avi
tata
pare
mama
mare
baby
nadó
yiu muhe
filla
yiu homber
fill

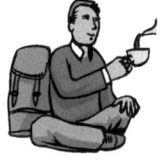

huesped

convidat

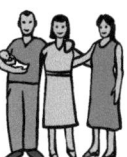

tanta

tia

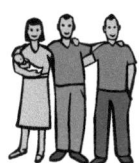

omo

oncle

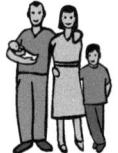

ruman homber

germà

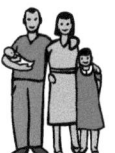

ruman muhe

germana

curpa

cos

frenta
front
wowo
ull
schouder
espatlla
dede
dit
cara
cara
cachete
barbeta
man
mà
pia
cama
pecho
pit
brasa
braç

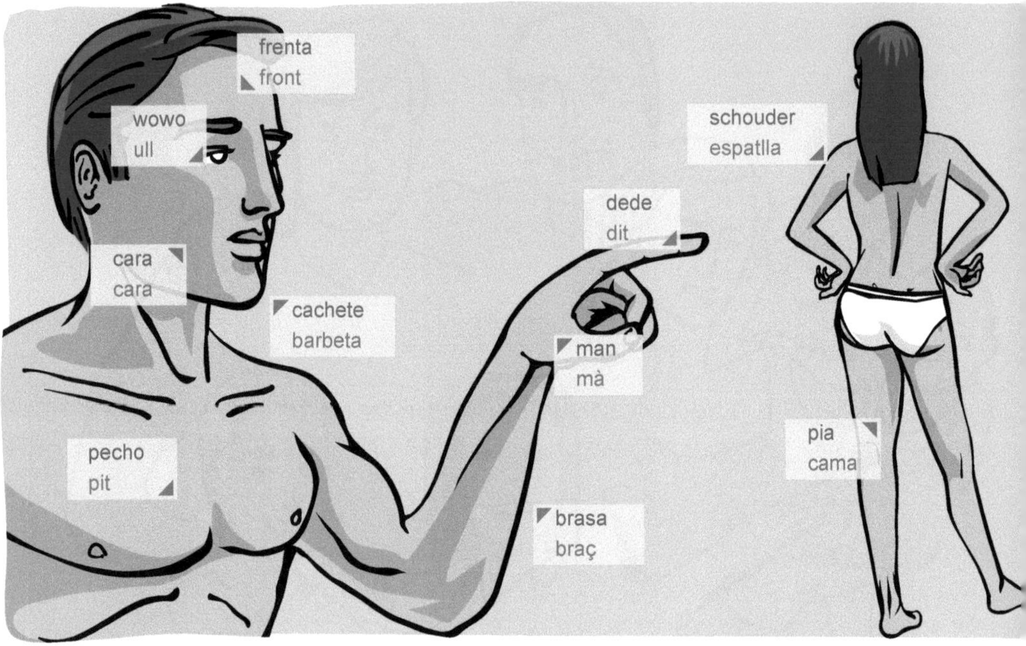

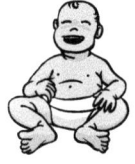

baby
nadó

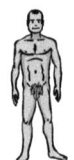

homber
home

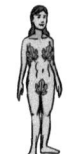

muhe
dona

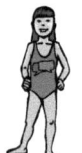

mucha muhe
noia

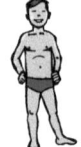

mucha homber
noi

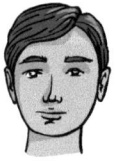

cabes
cap

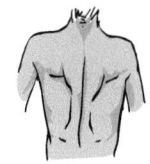

lomba
esquena

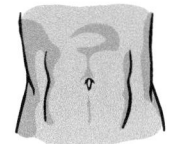

bariga
panxa

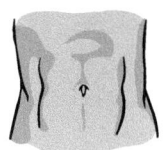

lombrishi
melic

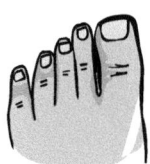

dede di pia
dit gros del peu

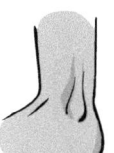

hilchi
taló

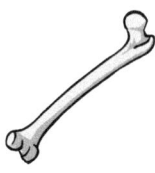

weso
os

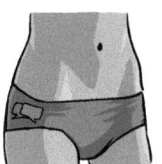

heup
maluc

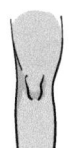

rudia
genoll

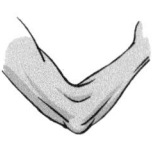

elleboog
colze

nanishi
nas

chanchan
cul

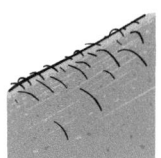

cuero
pell

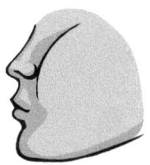

wang
galta

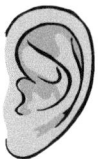

horea
orella

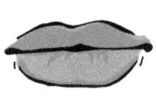

lip
llavi

boca
boca

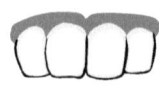

djente
dent

lenga
llengua

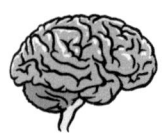

celebro
cervell

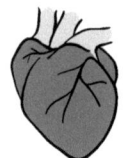

curason
cor

musculo
múscul

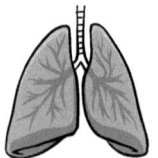

pulmon
pulmó

higra
fetge

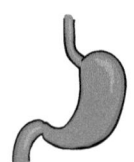

stoma
estómac

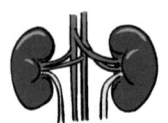

nier
ronyó

sex
relació sexual

condon
preservatiu

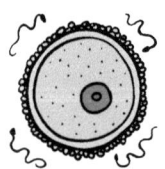

ovulo
ovari

sperma
semen

embaraso
prenyat

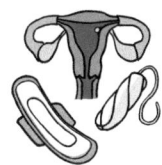

menstruacion

menstruació

vagina

vagina

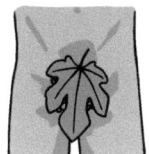

penis

penis

wenkbrauw

cella

cabey

cabells

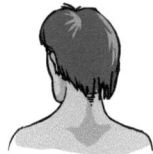

nek

coll

hospital
hospital

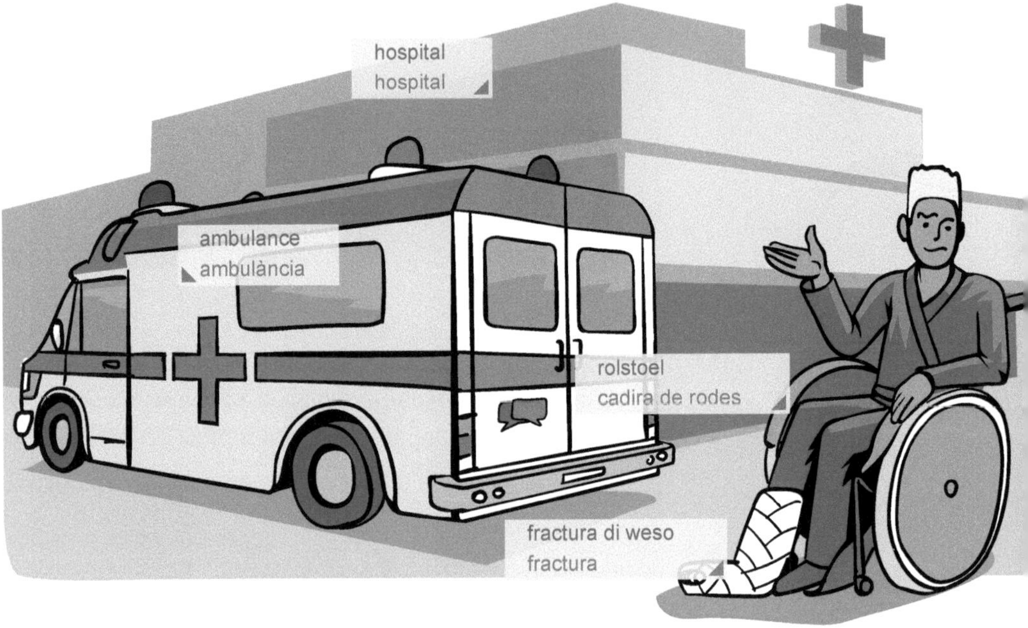

hospital
hospital
ambulance
ambulància
rolstoel
cadira de rodes
fractura di weso
fractura

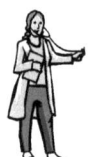

dokter
doctora

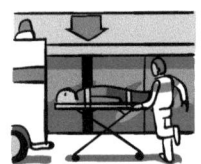

EHBO (prome asistencia/eerste hulp)
sala d'urgències

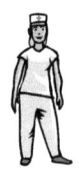

nurse
infermera

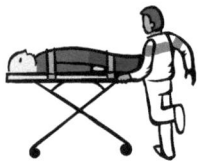

caso di emergencia
urgència

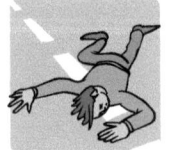

fo'i tino
inconscient

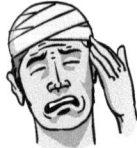

dolor
dolor

lesion

ferida

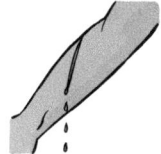

sangramento

sagnament

ataca di curason

atac de cor

ataca celebral

apoplexia

alergia

al·lèrgia

tosa

tos

keintura

febre

griep

gripa

diarea

diarrea

dolor di cabes

mal de cap

cancer

càncer

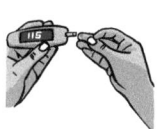

diabetes

diabetis

ciruhano

cirurgià

scalpel

escalpel

operacion

operació

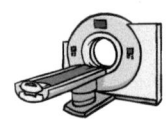

CT
tomografia computada (TC),
TAC

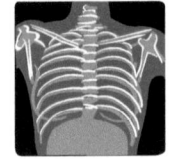

x-ray
raigs x

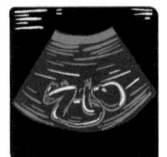

echo
ultrasò

masker contra stof
mascareta

malesa
malaltia

sala di espera
sala d'espera

kruk
crossa

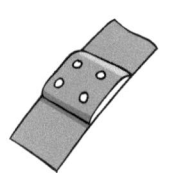

pleister
tireta

verband
embenat

inyeccion
injecció

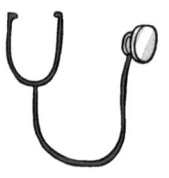

stetoscop
estetoscopi

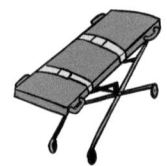

brancard
llitera

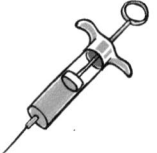

thermometer
termòmetre clínic

nacemento
pariment

sobrepeso
sobrepès

aparato pa oido

aparell auditiu

desinfectante

desinfectant

infeccion

infecció

virus

virus

HIV / AIDS

VIH / SIDA

remedi

medicina

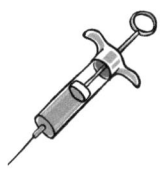

vacuna

vaccí

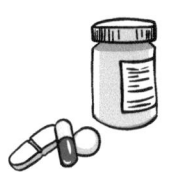

pilder

comprimits

pilder

píl·lola

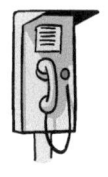

yamada di emergencia

trucada d'urgència

aparato pa midi presion

tensiòmetre

malo / saludabel

malalt / sà

auxilio!

Socors!

alarma

alarma

atraco

assalt

atake

atac

peliger

perill

salida di emergencia

sortida-eixida d'urgència

candela

Foc!

brandspuit

extintor

desgracia

accident

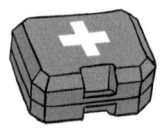

caha di prome asistencia

farmaciola de primers
auxilis

SOS

SOS

polis

policia

Europa

Europa

Noord America

Amèrica del Nord

Sur America

Amèrica del Sud

Africa

Àfrica

Asia

Àsia

Australia

Austràlia

Oceano Atlantico

Atlàntic

Oceano Pacifico

Pacífic

Oceano Indio

Oceà Índic

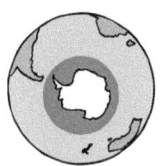

Oceano Antartico

Oceà Antàrtic

Oceano Artico

Oceà Àrtic

Noordpool

pol nord

Zuidpool

pol sud

Antartica

Antàrtida

mundo

terra

tera

país

lama

mar

isla

illa

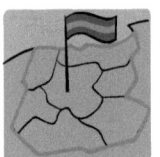

nacion

nació

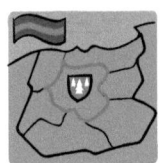

estado

estat

holoshi analog

quadrant

wijzer chikito

agulla de les hores

wijzer grandi

agulla dels minuts

wijzer di seconde

agulla dels segons

Cuant'or tin?

Quina hora és?

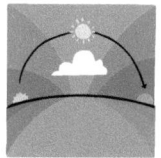

dia

dia

tempo

temps

awor

ara

holoshi digital

rellotge digital

minuut

minut

ora

hora

siman

setmana

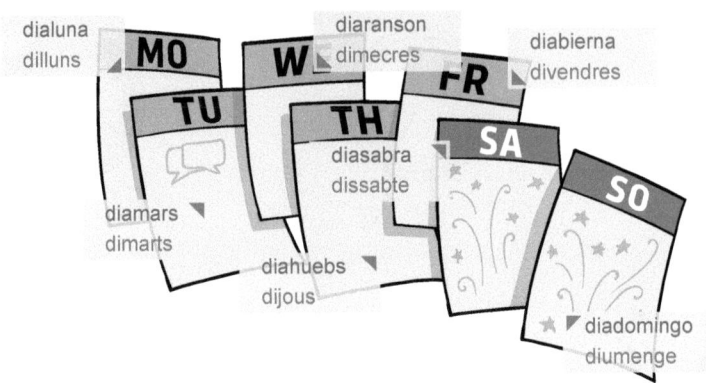

dialuna / dilluns
diaranson / dimecres
diabierna / divendres
diamars / dimarts
diasabra / dissabte
diahuebs / dijous
diadomingo / diumenge

ayera
ahir

awe
avui

mañan
demà

mainta
matí

merdia
migdia

anochi
tarda

MO	TU	WE	TH	FR	SA	SU
1	2	3	4	5	6	7
8	9	10	11	12	13	14
15	16	17	18	19	20	21
22	23	24	25	26	27	28
29	30	31	1	2	3	4

dia di trabou
dia feiner

MO	TU	WE	TH	FR	SA	SU
1	2	3	4	5	6	7
8	9	10	11	12	13	14
15	16	17	18	19	20	21
22	23	24	25	26	27	28
29	30	31	1	2	3	4

weekend
cap de setmana

aña

any

awacero
pluja
arco iris
arc de Sant Martí
bientu
vent
sneeuw
neu
lente
primavera
zomer
estiu
herfst
tardor
winter
hivern

4.APRIL 11°
5.APRIL 4°
6.APRIL 13°
7.APRIL 8°
8.APRIL 10°

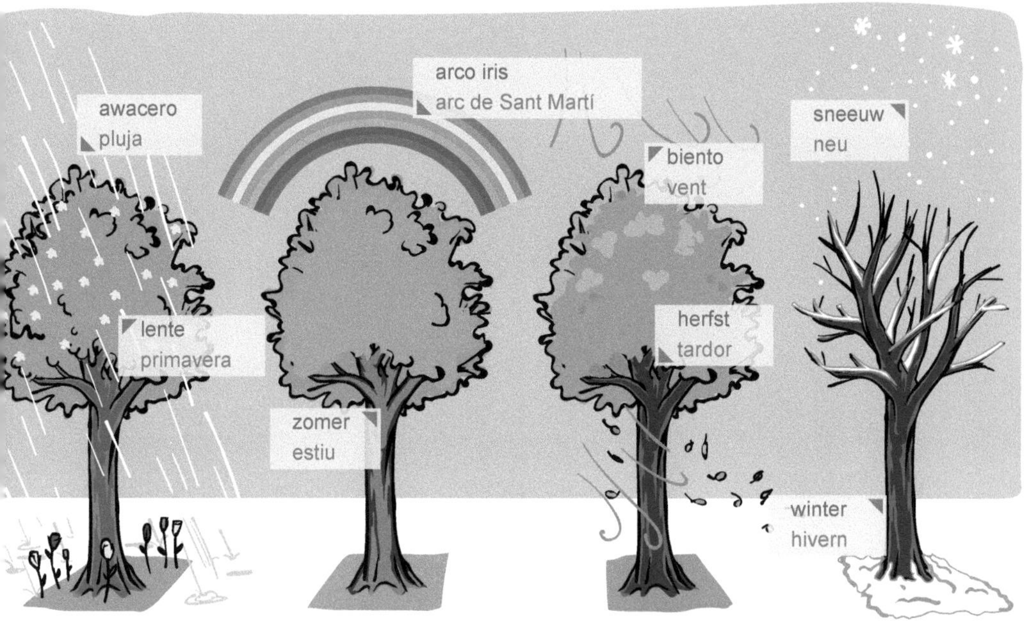

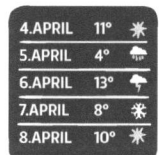

pronostico di tempo

pronòstic del temps

F C
120 40
90 30
60 20
30 10
0 0
-30 -10
-20

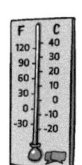

thermometer

termòmetre

solo ta briya

llum del sol

nubia

núvol

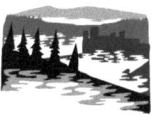

neblina

boira

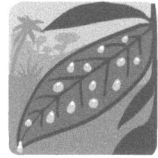

humedad

humiditat de l'aire

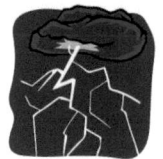

lamper

llamp

strena

tro

mal tempo

tempesta

hagel

calamarsa

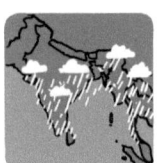

mal tempo

monsó

inundacion

inundació

ijs

gel

januari

gener

februari

febrer

maart

març

april

abril

mei

maig

juni

juny

juli

juliol

augustus

agost

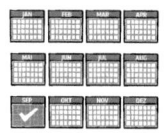

september

setembre

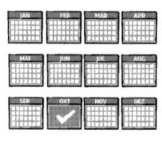

october

octubre

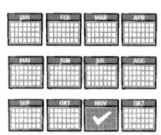

november

novembre

december

desembre

forma

formes

circulo

cercle

cuadra

quadrat

rectangulo

rectangle

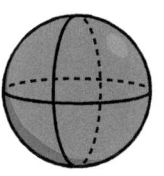

triangulo

triangle

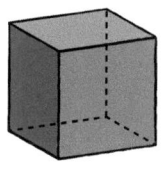

bol

esfera

kubus

cub

blanco

blanc

geel

groc

oraño

taronja

ros

rosa

cora

vermell

biña

lila

blauw

blau

berde

verd

bruin

marró

shinishi

gris

preto

negre

hopi / tiki

molt / poc

rabia / trankil

emprenyat / tranquil

bunita / mahos

bonic / lleig

comienso / final

començament / fi

grandi / chikito

gran / petit

cla / scur

clar / fosc

ruman homber / ruman muhe

germà / germana

limpi / sushi

net / brut

completo / incompleto

complet / incomplet

dia / anochi

dia / nit

morto / bibo

mort / viu

hancho / smal

ample / estret

comibel / incomibel

comestible / immenjable

mal hende / bon hende

dolent / amable

ansioso / ferfela bo mes

entusiasmat / entediat

gordo / flaco

gros / prim

prome / ultimo

primer / darrer

amigo / enemigo

amic / enemic

yen / bashi

ple / buit

duro / moli

dur / tou

pisa / lihe

pesant / lleuger

hamber / sed

gana / set

malo / saludabel

malalt / sà

ilegal / legal

il·legal / legal

inteligente / sabi

intel·ligent / ximple

robes / drechi

esquerra / dreta

cerca / leu

prop / llunyà

nobo / uza
nou / usat

nada / algo
res / quelcom

bieu / jong
vell / jove

cendi / paga
encès / apagat

habri / cera
obert / tancat

keto / duro
silenciós / sorollós

rico / pober
ric / pobre

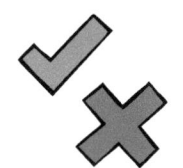

bon / fout
correcte / incorrecte

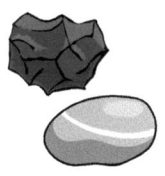

grof / liso
aspre / suau

tristo / contento
trist / content

cortico / largo
curt / llarg

pocopoco / lihe
lent / ràpid

muha / seco
humit / sec - eixut

cayente / friu
calent / fred

guera / paz
guerra / pau

0	**1**	**2**
cero	un	dos
zero	u	dos

3	**4**	**5**
tres	cuater	cinco
tres	quatre	cinc

6	**7**	**8**
seis	shete	ocho
sis	set	vuit

9	**10**	**11**
nuebe	dies	diesun
nou	deu	onze

12

diesdos
dotze

13

diestres
tretze

14

diescuatro
catorze

15

diescinco
quinze

16

diesseis
setze

17

diesshete
disset

18

diesocho
divuit

19

diesnuebe
dinou

20

binti
vint

100

shen
cent

1.000

mil
mil

1.000.000

miyon
milió

Ingles

anglès

Ingles Mericano

anglès americà

Chines Mandarin

xinès mandarí

Hindi

hindi

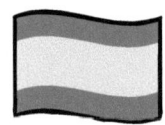

Spaño

espanyol

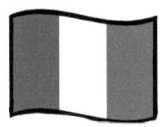

Frances

francès

Arabe

àrab

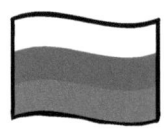

Ruso

rus

Portugues

portuguès

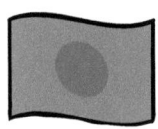

Bengal

bengalí

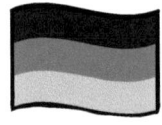

Aleman

alemany

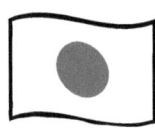

Hapones

japonès

ami
jo

abo
tu

e
ell / ella / allò

nos
nosaltres

boso
vosaltres

nan
ells

ken?
qui?

kico?
què?

con?
com?

unda?
on?

ki ora?
quan?

HELLO, I AM

nomber
nom

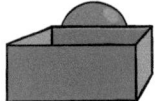

patras

darrere

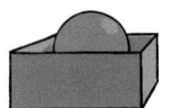

den

en

dilanti di

davant de

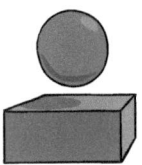

ariba

damunt

riba

sobre

bou di

sota

banda di

al costat

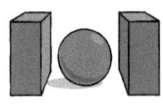

entre

entre

luga

lloc